上海市老年教育普及教材

上海市学习型社会建设与终身教育促进委员会办公室

做与时代同行的文明老人

Zuo yu Shidai Tongxing de Wenming Laoren

上海市老年教育普及教材编写委员会

顾　　问：袁　雯
主　　任：李骏修
副 主 任：俞恭庆　刘煜海　庄　俭　陈跃斌
委　　员：夏　瑛　符湘林　王莳骏　李学红
　　　　　沈　韬　曹　珺　吴　强　熊仿杰
　　　　　阮兴树　郭伯农　包南麟　朱明德
　　　　　李亦中　张主方

本书编写组

撰　　写：陈雪良

丛书策划

朱岳桢　杜道灿

前　言

　　根据上海市老年教育"十二五规划"提出的实施"个、十、百、千、万"发展计划中"编写100本老年教育教材，丰富老年学习资源，建设一批适合老年学习者需求的教材和课程"的要求，在上海市学习型社会建设与终身教育促进委员会办公室、上海市老年教育工作小组办公室和上海市教委终身教育处的指导下，由上海市老年教育教材研发中心会同有关老年教育单位和专家共同研发的"上海市老年教育普及教材"，共100本正式出版了。

　　此次出版"上海市老年教育普及教材"的宗旨是编写一批能体现上海水平的、具有一定规范性及示范性的老年教材；建设一批可供老年学校选用的教学资源；完成一批满足老年人不同层次需求的、适合老年人学习的、为老年人服务的快乐学习读本。

　　"上海市老年教育普及教材"的定位主要是面向街（镇）及以下老年学校，适当兼顾市、区老年大学的教学需求，力求普及与提高相结合，以普及为主；通用性与专门化相兼顾，以通用性为主。编写市级普及教材主要用于改善街镇、居村委老年学校缺少适宜教材的实际状况。

　　"上海市老年教育普及教材"在内容和体例上尽量根据老年人学习的特点进行编排，在知识内容融炼的前提下，强调基础、实用、前沿；语言简明扼要、通俗易懂，使老年学员看得懂、学得会、用得上。教材分为三个大类：做身心健康的老年人；做幸福和谐的老年人；做时尚能干的老年人。每个大类包含若干教材系列，如"老年人万一系列""中医与养生系列""孙辈亲子系列""老年人心灵手巧系列""老年人玩转信息技术系列"等。

"上海市老年教育普及教材"在表现形式上，充分利用现代信息技术和多媒体教学手段，倡导多元化教与学的方式，创新"纸质书、电子书、计算机网上课堂和无线终端移动课堂"四位一体的老年教育资源。在已经开通的"上海老年教育"App上，老年人可以免费下载所有教材的电子版，免费浏览所有多媒体课件；上海老年教育官方微信公众号"指尖上的老年学习"也已正式运营，并将在2015年年底推出"老年微学课堂"，届时我们的老年朋友可以在微信上"看书""听书""学课件"。

"上海市老年教育普及教材"编写工作还处于起步阶段，希望各级老年学校、老年学员和广大读者提出宝贵意见。

上海市老年教育普及教材编写委员会
2015年6月

自　序

　　作为一个普通的古稀老人，提起笔来给老人们写书，实在是件很惬意的事。不用故作深沉，不用装腔作势，不用堆砌词汇，只求"吾手写吾心"，把我想说的话写出来就可以了。同龄人与同龄人之间有共同语言，写书的过程实际上就是与老年朋友们一起促膝谈心的过程，十分开心。

　　我最想告诉老年朋友的一句话是，我们是幸福的一代。此言怎讲？以前，讲"幸福的一代"总是特指年轻人，而我在这里把这个燃烧着激情的词汇赠予给老年人。从1900年到现今的一百多年间，世界人均寿命猛增了二十多岁，上海这样的国际化大都市也出现了"三人行必有一老"的现象，能躬逢"长寿时代"，岂不幸哉？我们又恰恰生活在千载一时的中国改革开放的大时代中，改革开放起步时，我们正当盛年，我们与前辈和后辈们一起并肩开创出了一个走向民族复兴的新时代。中国这艘巨轮正劈波斩浪冲刺在时代大海的最前列，这中间也有我们这一代老年人的辛劳。我们这一代老年人躬逢大时代，躬逢大盛世，躬逢大场景，岂非幸之又幸？

　　我还想告诉老年朋友的另一句话是，我们是大有作为的一代。以往，"大有作为"似乎也是年轻人专用的词汇，现在我也把它移植到了老年人身上。客观地说,"作为"一词,针对各个年龄段的族群会有不同的内涵。中青年人精力充沛,富于创造力,老年人成熟干练,富有经验;中青年人善于想象,充满活力,老年人老成持重,善于面对和解决实际问题;中青年人视野开阔,多方求索,老年人办事专一,久久为功,看世界上那些诺贝尔大奖的得主多为60岁以上的老人;中青年人的事业与工作单位挂钩,肩上的担子沉重,老年人退休后回归社会,自由自在,悠然自得,真可谓"爱好即事业"也。我想说的是,老年人与中青年人各有各的优势,各有各的劣势,也各有各的人生舞台。老年人大可不必为"只是近黄昏"而唉声叹气。老年人自有老年人的"夕阳红",这红红的夕阳就是有着老年人特色的种种"作为"。

老年人的舞台在家庭、在社会、在老年大学、在公共空间、在志愿服务,也在"谈笑有鸿儒"的文墨交际生活之中……此等"作为",岂不伟哉!

我要与老年朋友交流的,无非就是那么两句话:我们是幸福的一代,我们是大有作为的一代。这两句话听来似乎有些新鲜,但是它应当说是真正与我们时代的风貌接轨的,所以我们的书名定为"做与时代同行的文明老人"。千百年来总是把"颐养天年"视为老年人至善至美的境遇,现在我们把"颐养"与"作为"联系起来,如此这般,不是更具有时代的气息和色泽吗?这样一来,我们的晚年生活不是更美丽、更绚烂了吗?

陈雪良

2015年6月

目　录

一、做新时代的文明老人 …………………………………1
　　中国梦，我的梦 ………………………………………1
　　给年轻人讲那"过去的事情" …………………………6
　　做不倦的学习者 ………………………………………9
　　时尚、进取、自律的现代老人 ………………………13

二、家庭文明 ………………………………………………16
　　文明家庭的主旨：平等和谐、尊老爱幼 ……………16
　　"若要好，老做小" ……………………………………19
　　良好家规家风的传承者 ………………………………22
　　家史中的文化 …………………………………………26
　　建立和谐的邻里关系 …………………………………30

三、社会交往文明 …………………………………………33
　　老人不应成为"宅居族" ………………………………33
　　"人生得一知己足矣" …………………………………37
　　多交新朋友 ……………………………………………40
　　"以文会友"乐融融 …………………………………43
　　难得"忘年交" …………………………………………46

四、公共空间文明·····················49
　　护卫红绿灯的尊严·················49
　　乘车时的礼让·····················52
　　餐饮场合的礼仪和风范·············54
　　如厕时的卫生·····················56
　　旅游中的文明·····················58
　　当好"民间大使"···················60

五、志愿者文明·····················64
　　志愿服务是当代老年人的"文化符号"···64
　　社会需要，老年服务的"助推器"·······67
　　社会安定的"守护神"···············70
　　社区"美容师"·····················72
　　不老的"上班族"···················75
　　最年长的义工·····················77

一、做新时代的文明老人

中国梦，我的梦

> "小康不小康，关键看老乡。"此言语意隽永，语带双关。一是说，实现小康，圆中国梦，就要看时下还处于贫困状态的"老乡"们的生活是否真正改善了；二是说，人间从来就没有救世主，要实现小康，圆中国梦，还得靠我们这些"老乡"自己啊！
>
> ——题记

 文明故事

国家博物馆，历史、现实、未来的交汇点。

2012年11月29日。履新不久的新一届中央领导同志来到国家博物馆参观"复兴之路"展览。抚今追昔，展望未来，习近平总书记声如洪钟：

"实现中华民族伟大复兴，这是中华民族近代以来最伟大的梦想！"

这短短的26个字，后来被浓缩为一个表述中国人民共同心愿的概念：中国梦。

中国梦，人类文明史上罕有的壮美集体梦想。为了逐梦，一代又一代中华儿女不知经历了多少屈辱和奋争，前赴后继，跨越时空。

中国梦，一经提出，就迅速点燃了亿万华夏儿女心中的激情，凝聚起强大的正能量。

做与时代同行的文明老人

在这被点燃激情的华夏儿女中,有风华正茂的莘莘学子,有正当其年的在职员工,还有年过花甲的岁暮老人。在这众多的岁暮老人中,有一位年近八旬的文化老人郭先生。

郭先生是在《新闻联播》节目中听到习总书记关于"中国梦"的讲话。他是一个富有激情的热血老头,听完广播后,他激动得不能自已。先是在书房中不断打转,嘴里喜滋滋地反复念叨着"中国梦"三字。继而铺纸提笔,书写起他的心得来。他给自己的体会取了个题目,叫作《中国梦,我的梦》,意思是说"中国梦"既是民族的梦,也作为一个中国公民的我的梦。

郭先生写的第一条是:"为了实现'中国梦',我梦想着活得长些,更长些。如果我能健康地活到100岁,那么我还有二十多年学习和工作的时间。二十多年,也就是七千多个日日夜夜,只要能健康地活着,那可真是段黄金的岁月啊!"他想到,自己的母亲是健康地活到了101岁的,只要自己科学地生活,凭着如此优良的遗传基因,百岁高寿应该是没有问题的。

郭先生写完第一条,又写第二条。他写道:"我是研究历史的。在历史研究领域里,一些人对中国的文明史存在偏见,一些外国史学家说中国的文明史最多只有三千来年,他们戴着有色眼镜来看待中国历史。我想利用此后十年或十多年的时间,与一些年轻史学家一起做一些正本清源的工作,还五千年文明史的本来面貌。"

郭先生写完第二条,又写第三条,他写道:"我想利用自己的知识优势,在社区中开设文化讲座,讲中国历史,讲文化传承,讲依法治国。每两个月开一次讲座,一年五六次,为建设文化社区贡献一点绵薄之力!"

郭先生越写越兴奋,在结束这篇文稿的时候,他颇带诗意地写道:"一个人生命的长度是有限的,但生命的宽度是无限的。当一个人敢于有梦、勇于追梦、勤于圆梦的时候,他是一定能够干出一番轰轰烈烈、有声有色的事业来的。'中国梦'不只属于青年,属于壮年,也属于老年。"

一、做新时代的文明老人

 智慧道理

　　这位老人写了一篇很好的关于"梦"的文章，题目也取得好："中国梦，我的梦。"习总书记把"中国梦"定义为"实现中华民族伟大复兴，就是中华民族近代以来最伟大的梦想"。"中国梦"的目标是民族的复兴，追梦者和圆梦者是我国各族人民，因此，作为公民个体来说，把"中国梦"诠释为"我的梦"，既是公民责任心的表现，又是个体自豪感的彰显。当代中国正在走向老龄化社会，13亿中国人中60岁以上的老年人已占14.0%以上，上海这样的国际化大城市老年人占比已达28.8%，有人戏称说："三人行，必有一老。"如果把老年人排斥在"中国梦"之外，那么"中国各族人民的共同愿景"一语就没了着落。

　　老年人敢于有梦、勇于追梦、勤于圆梦，展现了当代中国老年人的文明气象。以上海为例，现在上海人中"60岁小弟弟，70岁不稀奇，80岁多来兮，90岁亦常事"，寿命的延长为老年人投身于"中国梦"创造了生命时空上的优势。寿命延长了，人的健康指数也提高了。不少七八十岁的老人，腿脚灵便、思维敏捷，在经验、

做与时代同行的文明老人

阅历和知识技能上又往往胜于中青年人,这为他们的有梦、追梦、圆梦提供了条件。

■ **反躬自问**

  有人会说,那位郭老先生是位学者、专家,他当然有资格加入"中国梦"的队伍,而一般的老年人是否可以有梦、追梦、圆梦就难说了。其实不然。我们认为,有梦是一种觉悟,追梦是一种勇气,圆梦是一种勤勉。只要有献身民族复兴的雄心,有持之以恒的奋斗精神,你就有资格成为实现"中国梦"宏大队伍中的既平凡又不平凡的一员。有道是:"梦在前方,路在脚下。"每个人可以根据自己"脚下"的实际情况,选择走自己的"中国梦"之路。有力出力,有钱出钱,有文化出文化,有技能出技能。在浦东新区有一位72岁的老人,为了给社会一个清洁的环境,退休后他坚持提着个便桶四处拾狗粪,风雨无阻,从不间断。有人给他作过统计,以

一、做新时代的文明老人

两天拾一桶狗粪计,十多年来他拾去了一万多桶狗粪,堆积起来就是一座不小的山,人们称其为"最美的环保叔叔"。这样的老年人,对实现"中国梦"的贡献还小吗?

1. 读了上面的文字,你对"老年人也可有自己的'中国梦'"有何看法?

2. "梦在前方,路在脚下",依据你的实际情况,你想怎样实施你的"中国梦"?

做与时代同行的文明老人

给年轻人讲那"过去的事情"

"忘记过去,就意味着叛变"。中国的近现代史是一部民族的血泪史,苦难的过去,屈辱的历史,可是万万忘记不得的啊!文明老人想要播种明天的文明,首先就得不忘昨天的黑暗。

——题记

 文明故事

徐进老人今年87岁高龄了,是位少了一条腿的残疾老人。算起来他所在的这个家族已是四世同堂,大大小小有五十余口人。在他的提议下,这个家族每年举行两次聚会,春节一次,入秋后一次。每次聚会必备的"节目"是听老爷子讲那"过去的事情"。他讲得最多的是昔日抗战的事情。他告诉孩子们,当年日本军国主义者为了实现所谓"大东亚共荣圈"的侵略图谋,疯狂地发动了对华侵略战争。战火很快燃烧到了国际化大都市上海。对此,上海人民不答应,全国人民也不答应。远在四川的名将杨森主动请战,率领二十七路军的18 000名将士赴沪抗日。当时交通线已被日机炸毁,将士们便千里徒步奔赴沪地战场。在长达半个月的急行军中,将士们的草鞋跑烂了,他们就扔掉草鞋赤着脚走,脚上起了血泡,血泡磨破了,将士们就淌着血前进。上海人民闻知子弟兵到来,都纷纷涌上街头迎接。这支热血的抗日部队在上海战场与日本的精锐部队进行了遭遇战,在五天五夜的激战中,杨森属下的7 000名热血将士为国捐躯,而日本侵略军也受到了重创。日本军国主义

一、做新时代的文明老人

者为了报复,竟对上海的普通老百姓进行大屠杀。在那一年的秋收时节,栖身于浦东农村的徐进一家,正与村民们一起在打谷场上打谷,忽然几架日本飞机飞来,对着手无寸铁的村民们狂轰乱射。为了保护少年徐进,父亲伏在他身上被日军射死,徐进也由此失去了一条腿。在那次日军兽性大发的大屠杀中,徐进一家失去了四位亲人——他的父亲,他的一位伯父和一位叔父,还有一位堂弟。而全村死去的村民竟达43人之多。

这样类似的"过去的事情",在徐进老人的心中还有很多。每次聚会时他都要讲上一两件,他对孩子们说:"有些过去的事,过去了就过去了,是可以忘却的。有些过去的事——比如说,国仇家恨,就不能忘,忘了就等于叛变!"

智慧道理

徐进老人说得好极了,对从苦难中走过来的中国人民来说,属于国仇家恨的那些"过去的事情"是万万不能忘记的。我们正在走向文明、繁荣、富强的新时代,可是,世界上就是有那么些

做与时代同行的文明老人

人,念念不忘昔日侵略和吞并他国、骑在别人头上作威作福的"好日子",图谋有朝一日重温旧梦。如果今天生活在幸福中的新一代中华儿女掉以轻心,那是会坏大事、吃大亏的。正如中国驻联合国大使在联合国纪念反法西斯战争胜利70周年大会上所说的:"我们重提法西斯的侵略罪行,不是为了延续仇恨,而是为了防止悲剧的重演。"

为了防止悲剧的重演,让世世代代的中华儿女过上安稳的好日子,老年人有责任向年轻一代倾诉"昨天"。

感悟思考

■ **反躬自问**

思考:给儿孙辈唠叨唠叨那"过去的事情"有何价值?这与传统的"忆苦思甜"有何异同?

回忆:只要是年过八旬的老人,都经历了抗日战争时期、解放战争时期、解放初年的恢复和发展时期、"文革"时期,以及延续至今的改革开放时期,想一想,有哪些"过去的事情"是值得交付给后人的?

一、做新时代的文明老人

做不倦的学习者

> 时代在前进。早在20世纪70年代，就有人向联合国提出了"终身学习"的建议，联合国教科文组织也适时地向世界各国提出了"向学习型社会前进"的目标。身逢盛世，我们当代文明老人，只有成为不倦的学习者，才能紧随时代的步伐。
>
> ——题记

 文明故事

鲍如瑾，上海老年大学的一位"老学员"。说她"老"，指的是她的资历，她在这所大学一学就是十年。十年来，她深深地沉浸在声乐、电子琴、烹饪、中医保健、新时代英语乃至计算机办公自动化等十几个专业的课程学习之中。在十年如一日的学习中，她养成了每天回家整理和清抄笔记的习惯。一边清抄，一边思索和领会。她学音乐，是为了把欢乐带给自己，也带给他人。她学烹饪，是为了家庭生活得更加完美。她学中医，既是自身保健的需要，又可以用医术帮助亲朋好友。她学英语，是为了与国际友人交流。她学计算机办公自动化是为了促成社区工作流程的现代化。

对她这样的现代老人来说，学习是无穷尽的，学习的理由也是无穷尽的。

当她72周岁到来的时候，她幸运地从上海老年大学郑令德校长手中接过了"老年大学首届毕业生荣誉证书"，要知道，在就读

做与时代同行的文明老人

的数千名学员中至今只有75人获此殊荣。她为此而骄傲，而激动，并写下了这样一段激情的文字：

"老年学习生活是一首歌，一首奋发进取的歌，一首励志振作的歌，一首汗水和幸福交织的歌，一首光辉岁月里追求的歌，一首充满老龄梦中憧憬和向往的歌，一首晚晴岁月里奏出激情燃烧、热血沸腾的歌，一首实现自身价值的胜利凯歌。"

智慧道理

我们慢慢跨入了一个新时代，一个被人们定义为"学习型社会"的新时代。从20世纪后期开始，随着信息技术的发展，知识更新的周期愈来愈短。即使一个受过正规高等教育的人，如果不继续学习，他所掌握的知识也会很快老化。这就宣告了"一次性学习模式"的终结，代之而起的将是"生命不息，学习不止"的新模式。

学习新模式的要旨可以归结为两句话，即"终身学习"和"人人学习"。这两句话与老年人都有关。近二十年，人类社会人均寿命迅猛增长。1900年，美国和欧洲发达国家的平均寿命只有50岁，而一个世纪后，一些发达国家的平均寿命突破了80大关。中国作为13亿人口的大国，平均寿命也达到了70岁。这样，"终身学习"就很重要了，要求老年人在退休后继续学习。同时，老年人在全民总数中占有的比例越来越高，以至于像上海这样的大城市中老年人是"三分天下有其一"，所谓的"人人学习"与老年人的学习也息息相关。

老年是终身学习中的最后一大站，老年人也是"人人学习"队伍中的一支生力军。

一、做新时代的文明老人

■ **资料链接**

1965年，法国教育家保罗·郎格朗向联合国提交了"终身学习提案"，这被认为是人类文化史上的一个大事件。

1970年，美国教育家赫钦斯著述了《学习型社会》一书，学习型社会这一新概念首次被提出。

1994年8月，西方七国首脑首次确认："通过较好的教育和培训，发展一种终身学习的文化，用以增加对人的投资。"

1994年11月、12月，在加拿大的渥太华接连召开了两次"世界终身学习会议"，会议的主旨定义为："终身学习是21世纪最根本的生存理念"。

20世纪末，美国和日本相继提出："整个世界应由学历社会向学习化社会过渡，政府应大力推进这种过渡。"

2000年，美国以政府文件的形式提出："要把美国架设成人人学习之国，把美国的社区变成一座大课堂。"比尔·盖茨提出："要把微软建成学习型企业。"

做与时代同行的文明老人

2001年5月,在"亚太经合组织"人力资源建设高峰会议上,中国政府的领导人明确表示:"我们正在构建终身教育体系,创建学习型社会。"

2002年10月,中国共产党第十六次代表大会的政治报告中写上了这样的文字:"我们应尽快形成全民学习、终身学习的学习型社会,促进人的全面发展。"

■ 以人为鉴

王国维是古代与近代过渡期的一个传奇式的天才人物,也是一个终身学习的典型人物。他博采众长,先是学中国传统的经学,继而与时俱进地学习新学,即数、理、化、生、外这些实用之学,后又学习哲学、文学和考据。他先后涉足哲学、文学、戏曲史、甲骨文、金文、古器物、殷周史、汉晋木简、汉魏碑刻、汉唐史、敦煌文献、西北地理、蒙元史的研究,一生著述六十多部,是现代中国学术传统的奠基人。

请结合自己这些年来的学习生活,说说自己的体会。

■ 实践真知

随着人均寿命的延长,以人生90岁计,一生大致可划分为三个时期:30岁之前是发展期,奠定基础期;30岁到60岁是成熟期,也是在自己的工作岗位上边工作边学习的时期;60岁到90岁是自由选择式的学习工作期。不同时期有不同的学习需求和学习特点。请根据自己的实际,制订一个合理的学习规划。

一、做新时代的文明老人

时尚、进取、自律的现代老人

"人生因学习而美丽,世界因奉献而精彩",这话道出了当代老年人的心声。学习是时尚的前提,奉献是进取的基石,而要成为真正的风范长者,自律精神绝不可缺。

——题记

 文明故事

有这样一位老人:在刚退休时,他曾经迷惘过,失落过,痛苦过,觉得退休了,被社会边缘化了,也肯定会落伍了。后来与朋友交谈,朋友告诉他:"你的观念是错误的,退休是新征程的开始,与落伍、边缘化没有必然的联系。只要你认真学习,你一定能成为一个时尚、进取、自律的现代老人。"在朋友的推介下,他学习了诸多退休前没有条件学的科目。他学了钢琴课、电脑课,还意外地发现自己很有唱歌的天赋。现在是数字化时代,他通过两年的苦学,学会了上网、电脑打字、电脑写作,还学会了发短信等技术活儿,这多时尚!他利用自己特有的音乐天赋参加了市一级的合唱团,后来还被推举为这个合唱团的团长,参加了"纪念反法西斯战争胜利60周年"合唱,用歌声伸张了时代的正义。他还参与了万人"黄河大合唱"。"世博"期间他多次参加演出,在上海市的"九九重阳歌会"中,他还获得了第一名的殊荣。更为难能可贵的是,在义务演出中,他学会了自律。每次演出,他总是早早地到场。演出过程中,他精神饱满,精气神十足,给人一种积极向上的

做与时代同行的文明老人

精神力量。他从不争名逐利,给人以长者的风范,给台上台下的人们做出了表率。

在中华文化中,特别值得引起重视的是"老师"这个概念。把"师"与年龄上的"老"联系在一起,这是中华文化的重大特色。"老师"的提法,首见于荀子,《荀子·致士》有言:"耆艾而信,可以为师。""耆"和"艾"都是年老的意思,荀子的意思是说,年老而具有诚信精神的人,就可以成为师者,后来司马迁在《史记》中称荀子"最为老师",这样,"老师"的观念就广为社会认可了。老者可以为师的说法,相当于我们现在讲的"长者风范"。老年人不守旧,是谓时尚;老年人不退避,是谓进取;老年人不违规,是谓自律。在这些方面,老年人都可为后来人垂范。

一、做新时代的文明老人

反躬自问

　　这里我们为现代文明老人立下了三根标杆：时尚、进取、自律。老年朋友，你能认同这三点吗？说出你的答案。如果你认同，请你对自我作出评述。

二、家庭文明

文明家庭的主旨：平等和谐、尊老爱幼

> 幸福的家庭都是相似的，而不幸的家庭各有其不幸。这幸福家庭的"相似"之处就在于，这些家庭都是平等和谐的，也都是尊老爱幼的。
>
> ——题记

文明故事

这里讲一讲文学巨匠老舍的家庭故事。这是个到处弥散着平等和谐氛围的家庭。老舍与老舍夫人之间，老舍与孩子们之间，甚至家人与在家工作了20年的老保姆周姐之间，都是平等友善的。这是个热闹、和谐、快乐的家庭。有事大家商议，有事大家动手。就拿家务活来说，人人都有那么一份。大扫除了，老舍、老舍夫人、老保姆周姐，还有几个孩子，每个人都"全副武装"——包上头，戴上口罩，穿上工作服，由老舍任"总指挥"。老舍挥着手，大声呼唤大家"搬沙发！""搬书！""搬书柜！"别看他是当"指挥"的，花费的劲特别大，汗流浃背，声嘶力竭，可是他乐得像小孩儿似的。有时，他还与孩子们进行劳动

竞赛，比谁把玻璃擦得干净，擦得明亮。家中有时也会小有不快，一次老舍粗心大意地把大媳妇一块心爱的纱巾当抹布使了，开始大媳妇多少有点不高兴，这时老舍这个长者做出了高姿态，主动向大媳妇道了歉。这反倒使大媳妇不好意思了，说："爸爸您老人家道什么歉呢，拿错看错的事谁都会有，爸爸说道歉我这个做媳妇的当不起。"这样，一场小误会就在温馨的笑声中过去了。

 智慧道理

　　我国的现代家庭是从传统家庭走过来的。我们要传承传统家庭中的优良家风，同时也要与时俱进，注入现代社会和现代家庭的种种元素，使之更完美、更和谐。

　　对我国家庭来说，家庭平等是个新观念。中国传统社会历来强调的是"君君、臣臣、父父、子子""父为子纲"那一套伦理关系，按照这样一种伦理关系，父辈高踞其上，子辈低伏其下，没有

平等可言。这一套家庭"规矩"显然是不合时宜的。现代家庭首先应该是民主的家庭,家人平等相处的家庭。我国宪法明确规定:"中华人民共和国公民的人格尊严不可侵犯。"宪法是国家的根本大法,覆盖一切层面,包括家庭。家庭平等是当代家庭的第一要旨,在这个基础上,才谈得上尊老爱幼。从人类学角度看,爱幼是人的自然属性,而尊老是对长者的一种回报与反哺。我们常称幼时是"孩提时代",也就是长者抱着、提着的时代。长者把孩子拉扯大真的不容易,长大后不论从伦理角度看还是从道德角度看,尊老养老都是理所当然的事。

 感悟思考

■ **实践真知**

仔细想一想:我们提倡家庭平等,又主张尊老爱幼,两者会有矛盾吗?怎样做才能更好地统一起来?

"若要好，老做小"

 文明故事

这是一个真实的故事：著名剧作家沙叶新的女儿沙智红，曾在报上发表一篇文章，文章的标题是"爸爸，跟我学"。文中有这样一段有趣的话："对于我的爸爸沙叶新，人们除了知道他是一个剧作家和院长外，就再也找不到别的称谓了。然而，我除了心甘情愿地叫他一声'爸爸'外，偏又在内心里称他为'我的学生'，来满足一种精神胜利。"这是怎么回事呢？原来前些时候沙叶新出访，在机场因为不懂英语，听不懂播音员在说些什么，又不会填写英文出入境表格，急得团团转，差一点误了班机。回到上海以后，他决定"老做小"一下，对女儿说："我要学英语，拜你为师吧！"女儿笑着说："您那么大年纪了，只怕学不了，学英语可不比您写剧本啊！"沙叶新逗趣着说："有你这个老师，还怕学不了？"就这样，女儿当老师，爸爸当学生，顶顶真真地学了起来。每天清晨，是他们"师生"的专用教学时间。女儿为爸爸纠正读音，纠正句法，纠正病句。爸爸虽然学得很吃力，可是十分认真，老缠着女儿问这问那。当女儿要上学去了，他还是不肯让女儿走，拉着女儿的手恳求似地说："智红，再占用你两分钟好吗，我还有个问题要问。"

 智慧道理

这是"老做小"的一种形态。时代在前进，社会在发展，年轻一代接受新事物、吸纳新知识总比老年人要迅捷和敏锐，这一点，

做与时代同行的文明老人

老年人不能不服。现在的孩子，就是一个十岁多一点的娃娃，在电脑技术和外语水平方面远远超越老年人，这我们不得不服。在这点上，剧作家沙叶新做得好，也有分寸。

当然，还有一种"老做小"。家中人员的地位是与时俱变的。你青年壮年的时候，你当家，家中的事你大体上说了算。后来，时过境迁，你老了，再也当不了家了，当家的是你的儿辈、孙辈。儿辈、孙辈有儿辈、孙辈的规矩，这个家总体上得由他们说了算。这时，有些老人不懂得应时而变，还是要称"大"，硬碰硬，就会闹矛盾。有时家中也没多少大不了的问题，就是在谁拿主意上平衡不了，也会争执不休。老人要懂得放权，要知趣，就是"老做小"一下，又何妨呢？

■ 以人为鉴

老子的学说可以治理天下，也可以陶冶性情。他主张的是柔术。这里引几句他的名言，请老年人自己去体味。

"是以圣人之治也,虚其心,实其腹,弱其志,强其骨。"(《老子·第三章》)译文:圣人治理社会的办法是:去除其心理上的杂念,充实他们的肚腹,使之衣食无忧,不让他们固执己见,增强他们的筋骨。

"是以圣人后其身而身先,外其身而身存。"(《老子·第七章》)译文:圣人表面上退居二线,实际上反而占了先。表面上抽身事外,实际上保存了自己的见解。

"夫唯不争,故无尤。"(《老子·第八章》)译文:正因为不争强好胜,因此矛盾少,过失也少。

"曲则全。枉则直。"(《老子·第二十二章》)译文:委曲可以求全,一时的被弯折是为了更好地表明自己的正直。

"自伐者无功,自矜者不长。"(《老子·第二十四章》)译文:自夸自赞的人不会有真功劳,自高自大的人永远长不大。

"知其雄,守其雌。"(《老子·第二十八章》)译文:真正刚强的人气质上往往是柔和的。

"善为士者,不武。……善用人者,为之下。"(《老子·第六十八章》)译文:善于当统帅的人,从来不耀武扬威……善于领导属下的人从来就体察下情。

想一想,这些对我们老年人过好家庭生活有什么启示?

做与时代同行的文明老人

良好家规家风的传承者

"不以规矩不能成方圆。"家规家风是一个家庭的无形资产和最宝贵的精神财富,要使一个家庭兴旺发达,离不开家规家风建设。而作为宗族承上启下者的老年人,在传承良好家规家风中有着不可推卸的责任。

——题记

 文明故事

有一位将军,针对高层干部子女容易特殊化的实际,订了这么一条家规:绝对不用公车接送孩子。这是针对谁的?应该说既是针对孩子的,也是针对将军自己的,还是针对自己的汽车司机的,因此这一家规体现了这个家庭奉公廉洁、刻苦自励的家风。

有一次，将军正在上大学的女儿周末回校的途中，赶到公交车站时车子刚好开走，那时一班车的间隔要一个多小时，乘下一班的话就晚了。正在女儿十分着急的时候，将军的车子刚好驶来，女儿跑到路心，拦住车子，央求爸爸带她一阵。将军推开车门，对女儿说："咱家不是订了规矩吗？你要我破坏家规家风？"女儿嚅嗫着说："就这一次，还不行吗？"司机的心也软了，要求将军带一阵女儿。将军却坚定地说："没有'就这一次'，决不能开这个戒！不能因为'就这一次'而破坏了我家的好家规好家风！"说完立马让司机开车走了，车开到热闹地段，将军为女儿叫了一辆出租车，告诉出租车司机女儿的姓名、所在的方位，让他把女儿送到学校去，这才算是把此事妥妥帖帖地了结了。

智慧道理

有时候，我们该学会说："不"。

有人说，好的家规家风的形成在于积累，甚至是几代人的积累，而好的家规家风的破坏，可能就始于"就这一次"的粗疏和通融。尤其在当今的社会转型期，各种思想、观念交互显现，错综复杂，没有一个清醒的头脑，没有一点执着的坚守精神，良好家规家风的防线是很可能被攻破的。

老年人的优势在于丰富的处世经验，以及深邃的洞察力。当面临危及良好家规家风的"就这一次"袭来的时候，我们要敢于说："不！"

做与时代同行的文明老人

■ 以人为鉴

铡 包 勉

清官包拯,历来对子女要求极严,以"不侵不贪"为家规家风。一次他到陈州灾区放粮,灾民告发他的亲侄包勉侵吞救灾粮款,并逼死人命。包拯大怒,立马将包勉拿下问罪。包勉在铁证面前一一认罪,唯求看在他母亲面上饶他一死。原来包拯一生下来就被父母抛弃,是大嫂——也就是包勉的生母——将他抚养成人。可是,包拯宁愿代包勉为老嫂子养老送终,也不愿枉法,不愿坏了包氏一宗的好家风,马上将包勉处置了,这就是历史上有名的"铡包勉"。

李氏庭训

国民党元老李烈钧将军晚年不仅亲自为子孙订立了家规，还严加督察。每晚，他都要求几个子女排好队，站在父亲面前，挨个儿背诵家规，琅琅有声：

"一点点好事都要做，一点点坏事都不能做，尤其不可搞不义之钱。子孙不如我，要钱做什么？子孙强于我，要钱做什么？"

孩子们一个个把庭训背得滚瓜烂熟。父母也跟着一起念，一起背诵。背诵过后，还要认真检查执行情况，之后才可回房睡觉。

■ 反躬自问

读了上面数则经典故事以后，作为老年人的你有何感想呢？谁都希望自己家道兴旺发达，而家道的兴旺发达又离不开良好的家规家风。那么，你的家中是否形成了良好的家规家风呢？如还没有形成，你作何打算？

做与时代同行的文明老人

家史中的文化

> 为凡人立传,为寒族作史,现今似成一时之风尚。其实,凡人和寒族入史,这本来就是我们民族的一个好传统。就是在那些正史中,除了写帝王将相外,为平民百姓立传的也有的是,在《史记》的《河渠书》《平准书》《货殖列传》中,记述了大量历史上平民百姓生活中的"中国故事"。我们身处于改革开放的大时代,写一写自己的家史,讲一讲当代中国人演绎的"中国故事",是极有意义和价值的。
>
> ——题记

 文明故事

　　这是一个长寿世家。作为"老祖宗"的许老太已经百岁挂零。她老人家育有一子六女,全都健在,而且全都步入了老年,最大的儿子已经年届八旬,身板硬朗,神清气爽。这七个子女又传下了十八位第三代,到如今这十八位第三代也都全部完婚育子。在众多的第四代中,又有数人已到了婚龄,并且在老人百龄前生出了两位第五代。古人文徵明有诗云:"百岁几人能耄耋,一身五世见曾玄。""五世其昌",历来被认为是人生的最高境界,这一点,许老太达到了。在生日即将到来的时候,七位子女聚首于一室,商讨送什么"大礼"给母亲。几乎是七人一词:给母亲写一部传记,题目也有了:"一个人,一个世纪",外加一个副题:"献给我们的母亲百岁寿辰的一份菲礼"。由谁执笔呢?大家都说:"大哥是文史专家,你执笔,我们提供素材。"于是,说干就

干，一些人"采访"母亲，一些人翻检典章，一些人思索回忆，一些人走亲访友，只半年时间，大致的框架就有了。许老太生于辛亥年，就从把皇帝从龙座上推下来那时写起，从辛亥革命写到北洋军阀，写到国民党统治，写到抗日战争，写到解放战争，写到全国解放，一直写到改革开放。没有大话空话，写的都是她老人家生命历程中的枝枝节节。几位出版界的朋友闻声而至，参与了出版编辑工作，有位画家先生停下手中的创作业务，为该书设计

了精美而喜气洋洋的封面和彩页。连著名主持人蔚兰也闻讯而至，郑重报道了该书的写作历程和出版消息。上海《康复》杂志还专门编发了长篇报告《勤奋与宽容，健康长寿之道》。当老太百岁寿辰到来的时候，这部以许老太生平为主干的家史成了最隆重的生日贺礼。

智慧道理

　　凡人的传，家族的史，一般说不上轰轰烈烈，更无所谓惊天动地。但是，它朴实、无华、生动、实在。对一个家庭来说，它记述的是这个家庭风雨兼程中的点点滴滴，弥足珍贵。对社会来说，它是整个社会大机体中的一个细胞体。正像一滴水可以映出大海的风貌一样，从家庭中多少也可以窥视到当时社会的一枝一叶。

做与时代同行的文明老人

习近平主席最近强调："历史是人民书写的。"历史的走向和命运最终是由人民的劳作、人民的意志、人民的情绪决定的。千百部凡人传记和家史的书写与出版，也许会使我们对历史的认识更接近生活的实际。

感悟思考

以人为鉴

历来的史学家不重视史书中民众传略的开掘，这是一种偏颇。其实，仔细研究，传统史书中还是有大量民众文化的生动"镜头"的。据《史记·平准书》记述，汉代的卜式其人，就是个"以田畜为事"的田夫野老，没有背景，也没有权势，他是靠牧羊所得发家致富的。史书把他的生平记述得很细腻，也很生动。卜式的家境不富裕，早年父母双亡后留下一个幼弟。他是个很有爱心的人，不只尽心尽力地把幼弟抚养大，还把辛辛苦苦挣来的钱财的一大半分给弟弟。可是，弟弟并不争气，很快把分得的钱财全花光了。花光了，又来向大哥要。卜式把自己手中的大部分财产再一次给了弟弟，自己只留下100头羊。他对弟弟说："你自己要争气，以后我可不管你了。"卜式就靠这100头羊起家，经过10年的努力，成了大富翁。发家致富后他不忘家国天下，"愿输家之半悬官助边"，意思是把一大半家产捐出来抗击边患。一个普通百姓有如此胸襟，使雄才大略的汉武帝大为震惊，亲自召见他，问他是否想当官，得到的回答是：不想。那是为何？他的回答是，我只想为国尽一份责。汉武帝有点想不通，就去问宰相公孙弘，宰相也想不通。又过了一年多，政府在对外战争中花费过大，财政吃紧。卜式捐出大笔钱给政府和平民。汉武帝在名册中又见到卜式的名字，觉得这确是个奇人，就再次召见他。汉武帝又想让他当官，他还是不干。汉武帝就说："你羊养得那样好，我在上林那里有许许多多的羊，由你去牧养吧！"这下他接受了。又过了些时日，汉武帝去上林视察，发现那些羊养得又

肥又壮，远远望去，卜式穿着麻布服，脚蹬草鞋正在放牧呢。汉武帝接见了他，称赞他牧羊有方。他却说了这样的一段话："牧羊要让羊吃好，也要让羊休息好。不只是牧羊，牧民也是一样的，不外乎吃好和休息好两条。"汉武帝听后大加赞赏。这些都被太史公写在《史记》中，千古传诵。现今我们为凡人立传、替寒族作史，不正是弘扬这种优良民族传统吗？

■ 实践真知

一个家族得以延续，必有其延续的理由。世间不可能有一无是处的家族，也不可能有十全十美的家族。关键是要彰显美丽，涤除污秽。学着写一写自己的家史，与扬名无涉，与获利无关，只为提升家族的文化基因。

做与时代同行的文明老人

建立和谐的邻里关系

"远亲不如近邻",中国的这句古已有之的民谚,是放之四海而皆准的。邻里之间的互助、互让、互励,在日常生活中比什么都重要。对老年人来说,好帮手就在你的对门。

——题记

 文明故事

刘大爷是个热情好客的老人,这些年搬了三次家,都与邻里建立了十分深厚的友谊。去年,他搬到了现在居住的这个小区。在一个楼面上,住着三户人家,左边一家是个工人家庭,家中的男主人是个产业工人,还是个围棋迷,女主人是位退休的护士。刘大爷在围棋上也有相当的造诣,与男主人在棋艺上一交手,正好是"棋逢对手",其乐融融中添加进了其情浓浓。右边那家是知识分子家庭,男主人是搞基因研究的,女主人是个作家。刘大爷是个历史研究工作者,作为见面礼,他把自己的新著郑重其事地送给了对方,对方也回赠其相关论著。这样,没过半年时间,他就"左右逢源"与两家邻里建立了密切的关系。在与邻里的交往上,刘大爷有时走出去,有时请进来,来来往往,十分热络。三个月前,刘大爷不幸小中风,之后就行走不便。左右的两个邻家都来宽慰他,那位围棋迷还把棋盘挪到了刘大爷的病榻旁,那位退休护士就成了他的专职护理。那位基因专家还从基因角度对他的病理情况作了具体的分析,使他对自己的身体状况有了更科学的

了解。在邻里的帮助下，刘大爷的康复过程大大加速了。

 智慧道理

从刘大爷成功的邻里"外交"中，我们可以懂得这样一些道理。其一，真诚。真诚是邻里间关系的黏合剂。中国有一句老话，叫作"投桃报李"。只有真诚地"投"对方以友善，才能使对方"报"之以信任。邻里间的道德之交、情谊之交，才是最可靠的。其二，平等。邻里之交与一切社会交往一样，都应该是平等相待的。邻里间各自的职业会有不同，社会地位也不会是同一的。但是，任何人的人格都是平等的。如果高踞于人上，或者厚此薄彼，那就势必在邻里间制造隔阂，更说不上亲密无间了。刘大爷对待左邻右舍一视同仁，因此大家也都待他如同亲人一般。其三，寻找共同的兴趣爱好。老年邻里间的交往，常常是与邻里间的兴趣

做与时代同行的文明老人

爱好联系在一起的。刘大爷与一位邻里都是围棋迷，兴趣相投，是促成他们走近的直接原因。所谓意气相投，这意气中也有兴趣爱好的成分在。

以人为鉴

孔老夫子这样说："里仁为美。择不处仁，焉得知？"（《论语·里仁》）意思是说，选择仁人为邻里，那是人生的一大美事。不懂得选择与仁人居的人，能说是一个有智慧的人吗？孔老夫子的这段话我们并不陌生，但在实际生活中怎么应用，就很难说了。请谈谈你的体会和感想。

反躬自问

邻里相交是一门学问，也是一门艺术。有些人的人品也不错，但就是与邻里交往不起来。有些人为人可能一般，但每到一处都能与人随和相处，甚至打得火热。这就说明影响邻里关系的元素很多，不能简单化。请你实事求是谈谈自己在邻里交往中的体会。

三、社会交往文明

老人不应成为"宅居族"

> 退休,意味着社会生活的结束,还是新的社会生活的开始?这是值得每一位老年人认真思考的问题。
>
> ——题记

文明故事

他原来是教育界的风云人物,上海市郊县的一位教育局局长。在位的二十多年间,他的足迹遍及全县各个角落,因为工作需要,他也曾到全国各地传经送宝,交往的人物也不能说不多。可是,到六十岁退休后,他就像是完全变了个人似的。他整天与夫人一同"宅居"在那显得有点破旧的两室一厅中。除了午饭后到楼下的信箱去取报纸杂志外,几乎足不出户,成了名副其实的"宅居族",知道他的人风趣地给他所住的那幢楼起了个"何妨一下楼"的雅号。他当然也有他的想法,认为过去种种人际关系都是因工作而建立的,现在工作关系不存在了,又何必劳神去维系那些关系呢。他把自己封闭在居所中,看看电视,看看书,看看报纸杂志,老夫老妻间也似乎没多少话好说的。退休五年后,有朋友去看望他,发现他的反应明显迟缓甚至迟钝了。再过五年,刚刚迈入古稀之年的他,走路已经跌跌撞撞,连面部表情也显得很麻木了。经医生测定,属于中度老

做与时代同行的文明老人

年痴呆。医生警告,如果不改变生活方式,以后几年痴呆的程度会急剧加快。

智慧道理

当我们述说这样一个故事的时候,我们的心情是沉重的。一个鲜活的、具有巨大工作和生活能量的人物,怎么会因为退休而迅速地"退入"宅居的小圈子之中,从身心到体力全面地退化下来,堕入老年痴呆的危境。这个故事告诉我们一个最浅显的道理:退休后绝不该去过那种与世隔绝的宅居生活。那样做,可真是害了自己,甚至还害了家人。

长期以来,人的生命周期往往呈现出一个怪圈:孩子刚出生时,他的生活圈是狭小的,所谓"孩提时代"就是父母抱着、提着的时代,这时孩子面对的世界除了父母,就是家人。孩子渐大,接触的人也渐多,由家属到邻里;上了学,又有老师和同学;工作了,所谓"翅膀长硬了",实现了生命的放飞,他会接触同事、上司、下属;通过对外交往,还会接触各种各样的人。可是,到了退休年龄以后,这种生命的放飞状态却戛然而止了。从单位回到家中,除了偶尔的同学聚会、同事聚会外,少有对外的交往。所谓人际交往的"公共空间",对老年人来说,似乎再也不存在了。老人的活动和生存空间是狭小的,而且随着年龄的增大越来越小。再到后来,亲戚也少有走动了,朋友也少有走动了,邻里也少有走动了,最后,生命又回

到了它的"原点",宅居在家庭中,面对的也就是几张老面孔。如果老伴在,还好点。老伴一走,形影相吊,实在孤单得很。于是,孤独、无聊、抑郁、恐惧等,也就随之而来,直至生命的最后终结。

生命活动空间的"小—大—小"的怪圈,带给老年人的是苦难和悲哀。在生命活动空间如此狭小的境况下,何谈安度晚年?何谈颐养天年?对老年人来说,即使有养老金的物质保障,由于精神的空虚,老年生活其实还是悲苦的。

必须走出生命的怪圈!进入老年期后,老年人必须自觉地重建广袤的生命活动空间,必须再度实现生命的放飞。

■ 以人为鉴

对老年人来说,所谓"生命的放飞",就是回归到生命的群居状态中去。历史真的太奇妙了,我国古代那些被称为圣贤的智者,他们的一些思想甚至比两千年后的今人还先进。荀子就曾说:"人生不可以无群。"(《荀子·王制》)短短的一句话,把人的群居本质阐述得清清楚楚,对老年人的生活状态也有重大的启示。

■ 实践真知

现代老年人不应该离群索居,而应通过生命的放飞,重新构建广阔的生活空间。如何拓展老年人的生活空间,这是一个值得讨论和研究的问题。这里提出几条建议,供老年朋友参考。

其一,社区是老年人生命空间的基地。老年人退休以后,虽

做与时代同行的文明老人

然离开了工作单位的群体,但是也会进入一个更广阔、更永恒的群体——社区群体。社区是老年人的生命家园,这里有老年人的行政管理空间,有老年人的生活活动空间、医疗保健空间、游玩娱乐空间。老年人不可轻易放弃这一群体空间。

其二,老年学习单位是老年人生命空间的新领域。在学习型社会,大批老年人参加了各种老年学习机构的学习。这些学习机构,既是学习知识和技能的机构,又是老年人交谊的生活空间。在学习过程中,老年人融入了新的群体。

其三,老年人的公共服务空间。改革开放以来,老年人投入公共服务空间已经成为一种新常态。在公共服务中,老年人一方面体验了自身存在的价值,同时也在服务中赢得了快乐,赢得了友谊,赢得了更为广阔的生活空间。

"人生得一知己足矣"

> 何为"知己",照字面说,就是最了解自己的人。既了解自己的长处,又了解自己的短处与不足,并能在危难关头倾心相助的人,在一生中是不多的。至垂老之年仍有一二知己好友陪伴着,这不能不说是人生之大幸。
>
> ——题记

 文明故事

陈教授与郭教授是交谊半个多世纪的知己好友。半个世纪前,陈先生毕业于华东师范大学历史系,被分配在一所市重点学校教书,郭先生毕业于复旦大学历史系,被分配在上海一家著名的报社当编辑。两人同是学历史的,都攻读的是中国古代史,且都喜欢舞文弄墨,机缘巧合,就自然而然地走到一块来了。两人都不善言辞,喜欢实干,只要是学术上的事一投入就十天半月不出来,非要把事情弄个水落石出不可。更为重要的是,两人都淡泊名利,半个世纪来两人的合作已有数百万言之巨,可是从来没有为名与利二字红过脸。相反在分稿费的时候,为了让对方多拿一点,相互争执不下倒是常有的事。有一次,陈教授被诬蒙冤,调查人员来到郭教授处要他写不利于陈先生的证明材料,郭教授拍案而起:"陈先生不会有什么问题,这一点我可以用人格担保!"关键时刻保护了老友,使之逃过一劫。两人常来常往,走动很勤,十分知心,真可谓无话不谈。两人互视对方为生命历程中的"贵人",有了这样的知己之交,生活就更是有滋有味了。

做与时代同行的文明老人

智慧道理

"知己"一词最早见于伯乐相马的故事。史书上有这样一段文字:"骥于是俯而喷,仰而鸣,声达于天,若出金石声者,何也?彼见伯乐之知己也。"(《战国策·楚策四》)后世人将这种彼此心知、情谊深厚的人际关系,称为知己之交。正像前面故事中说到的,知己是生命历程中的"贵人",有了这样的"贵人"保驾护航,生命的历程要流畅许多。要成为知己,至少要具备两个基本的条件:一是性情相合,二是情趣相投。所谓性情相合,是指在人品、人格以及性格特征上有相互契合之处,只有这样才有望成为亲密无间的知己之交。所谓情趣相投,是说最好有共同的兴趣爱好,从高层次上讲,就是有共同的学养。人到晚年,有这样的知己真是一种幸福。晚年的鲁迅,在给日本好友山本初枝的信中写道:"我不喜欢让人招待,只想同两三位知己一起走走。"与知己一起走走,说说心里话,谈谈心头事,这是多么舒心的事啊!

■ 以人为鉴

孔子曰:"益者三友,损者三友。友直、友谅、友多闻,益。友便辟、友善柔、友便佞,损矣。"(《论语·季氏》)孔子的意思是说,有益的朋友有三种,有害的朋友也有三种。和正直的人为友,和守信的人为友,和多闻且有广博知识的人为友,那是有益的。与惯于装饰外貌的人为友,与善于媚悦的人为友,与巧言口辩的人为友,那是有害的。孔子高度概括了人世间的交友之道,对老年人来说,读一读孔夫子的精到之论,是有好处的。

■ 反躬自问

1. 在你的人生历程中,有过称得上知己之交的人吗?回顾一下你们之间的交往历程。

2. 如果你至今还没有知己之交,那么,请思考一下:你准备如何搭建自己的知己平台?

做与时代同行的文明老人

多交新朋友

> 一般来说，在退休前，你作为在职职工，交友面常常是单一的，受行业限制的。而退休之后，你从行业的局限中"解放"了出来，在更广阔的空间范围里交友，这为你结交不同领域的新朋友创造了条件。
>
> ——题记

 文明故事

作为注册会计师的陆先生，现在已是70岁高龄。一提起交友，他显得很得意。他说："过去搞会计这一行，所交的友人都是会计行业中人。现在，不同了，退休10年，所交的新朋友遍及各行各业。"他原先就酷爱文学，可惜在退休前没有机会展示才华，退休后进老年大学读中文，认识了不少文学界的名流，有的还结为好友。后来向一位老师傅学烹饪，老师傅被他的好学精神所感动，破格收了这位高龄学员为入门弟子，他们之间也成了朋友。后来他又去学绘画，又与多名丹青手结为莫逆之交。他是长年参加"广场舞"活动的，那里更是三教九流，无所不有。这样，他的社交面又大大拓宽了。他喜滋滋地写道："十载三千六百天，天天都有新朋来。"这种"高朋满座"的退休生活，岂不美哉！

 智慧道理

　　现代老年生活和传统老年生活的一大差异就在于开放性上。传统的老年生活常常是封闭的，不允许老人多渠道地进入宽广的社会生活，老年人保守的"安度晚年"观也迫使老人躲进狭小的生活圈子中。现在不同了，整个社会都在改革开放，老年人生活的社会化是大势所趋。有交往，就会有交友，老人交友面比退休前更广、更杂也是理所当然的事。在结交朋友上，我们反对"滥交"，但不反对"杂交"。在生物学上，有一个杂交优化原理，就是说物种交配离它的母本越远，产生的后代越优良，我国水稻杂交的成功就是一个例证。我们反对和禁止近亲结婚，道理也是如此。由此引申，在交友上，杂一点，甚至遍及各行各业，这不仅不是坏事，反而是好事，大好事。这与不讲原则，甚至是唯利是图的"滥交"，完全不是一回事。

　　以前讲到老年人生时，总是说老有所学，老有所乐，老有所为，现在看来还得加上一条，叫作老有所交。老年人的交友生活决定了老年人对生活的满意度，决定了老年人的性格改铸，也决定了老年人的身心健康。

做与时代同行的文明老人

■ 反躬自问

作为老年人,你有扩大"朋友圈"的意向和愿望吗?如果有,你会如何实现自己的愿望呢?请说出自己的意向。

三、社会交往文明

"以文会友"乐融融

> "君子以文会友,以友辅仁。"古代文人相交重情谊,重才学。作为现代文明老人,不如学着古代人以文字结交朋友,享受文字带来的乐趣,借着朋友间的交流和帮助来增进己身仁德。
>
> ——题记

 文明故事

我的一位老友马联芳,是个名副其实的文化人。他有着众多的文化头衔:上海作家协会会员、中国散文家协会会员、上海教育科学研究院研究员、上海市教育学会副秘书长、上海援藏联谊会副秘书长,还是《中学教育》《思想理论教育》《中文自修》《上海教育科研》的副主编。其实,他还有一个身份没有写在自己的履历表上——慈善家。在他经济还并不富裕的时候,他就斥资领养了三个云南籍孩童,一直把他们培养到考上大学。不过他在这方面一直很低调,不声张,甚至连受益者也不知其为何许人也,以至于在与被抚养孩子通信时对方一直称他为"马阿姨",这是他的名字太过女性化导致的误会。他也将错就错,一直以"马阿姨"的身份与对方交往。20世纪70年代,马联芳主动报名支援西藏的教育事业。激情燃烧的高原岁月,催生了他的早期雪原诗章,以后便一发而不可收,成为没有戴上诗人桂冠的准诗人。步入晚年以后,虽说事务繁忙,经常穿梭于世界各地,但他仍然许下了"一日一诗"的宏愿,并定期与沪上诗词爱好者耿坚、吴解生、杜春

做与时代同行的文明老人

林、谭虎、刘文祥等唱和互励,越洋进行文化交流。他们明白中国文人"以文会友"的文化效应,便模仿古代文人曲水流觞,举行了一次次诗友吟咏午宴聚会。马联芳与他的诗友们还在微信上结成"汇珠诗社"群聊,大大促进了诗词创作和交流。

 智慧道理

"曲水流觞"是中华民族文人雅集的典故,由来久远。相传从魏晋时代开始,文人们于农历三月的上巳日(后固定为三月三日)雅集于曲水河滨,流觞取饮,谈诗论道,相与为乐,名之为"曲水流觞"。唐代诗人元稹有诗云:"曲水流觞日,倡优醉度旬。"实际上,文人相聚,诗歌唱和,可以开阔人的胸襟,涤荡世俗情怀,提升文化境界。文人之间"曲水流觞"式的雅集,会产生一种文人与文人之间的文化叠加现象,比一个人闷在斗室中苦思冥想要好得多,这种形式特别适宜于老年人养生。

以人为鉴

在《论语》中有这样一段文字:"曾子曰:君子以文会友,以友辅仁。"(《论语·颜渊》)这段话虽然标注的是曾子所言,但一般"以文会友"的思想还是归在孔子门下。曾子是孔子晚年的学生,上面那段话虽然出自曾子之口,但传递的还是来自孔圣人的文化信息。这里的两句话,第一句是说,君子们聚会的时候,应该谈文论道,不要尽说一些百无聊赖的事。第二句是说,朋友聚会的目的是相互辅助,共尽仁义之道。那样做,文人雅集云云,才有意义和价值。

"以文会友"的要旨还在于教人慎于择友,要与有文化素养的人在一起,谈文论道,目的是提高自我的文化素养,做一个志士仁人。在这点上,年轻人是如此,步入晚年的老年人更是如此。如果晚节不保,那是很可惜的事。

做与时代同行的文明老人

难得"忘年交"

> 老年人老是与同龄的老年人共处，难免会"老气横秋"。如果能超越年龄界限，走向年轻一代，那就能无意间使自己"年轻化"。
>
> ——题记

文明故事

上海老年大学的优秀学员陈庆玲，是位退休后才提起画笔的国画家。也许是一种缘分，退休后，她决定把自己的余生交给画笔。她拜吴昌硕大师画派的杭英老师为师，苦学"大写意"花鸟画。她伏案苦练，箩筐里画坏的宣纸积了一筐又一筐。连生病期间，她也不忘带好纸墨，左手吊针，右手练画，让病房里的医生、护士、病友都极为敬佩，从此落下了"画痴"的雅号。皇天不负有心人，经过十年的苦练，她成功了。一个七旬老人的画作上了吴昌硕大师逝世百年画展的画台，在国际中老年画展中获银奖，在中华老年人诗文书画作品赛中获金奖。可是，这个"草根画家"功成名就后，却来了个大转身，立志要登上讲台育新苗，开办社区中的"青少年书画社"，于是就与一大批爱书画的青少年结为了"忘年交"。她一干就是六七年，她旗下的第一个弟子也已学成，且小有名气，在几次市级的大赛中获了奖。有人笑话她，花那么大劲，又常常要自掏腰包买笔墨纸砚，划得来吗？她的回答是：培养下一代人，是我们老一代人的职责，义不容辞。事实上，从自我发展的角度看，她这样做也是"得"大于"失"，她

在与青少年长年累月的交往中,感染到的朝气和活力,那是用金钱买不到的。

智慧道理

我们平时讲"性命",其实它包含了"性"与"命"两部分。"性"是指人的精、气、神,也就是人的精神世界。"命"是指人的躯体。人的躯体有一个由幼而壮、由壮而老的自然发展过程,而人的精、气、神除了与人的生理机能和年龄阶段相关外,很大程度上也与人的生存环境有关,所谓"近朱者赤,近墨者黑"讲的就是这样一个道理。经常与年轻人在一起,受其感染,人的精神状态自然也会年轻化。我们主张在条件许可的情形下,结交一些忘年朋友,道理也在于此。

感悟思考

■ **以人为鉴**

老子是中国古代最伟大的思想家之一。在先秦诸子中,老子是唯一提出"复归于婴儿"命题的大思想家。一个人长大了,身

做与时代同行的文明老人

体在变,精神在变,一直在变老,老子的命题是:人是否有可能向"婴儿"状态"复归"?在《老子》一书中,有四处说到了"复归于婴儿"的问题,很有意思:

"专气致柔,能婴儿乎?"(《老子·第十章》)意思说,只要能专心于运气,以柔治身,也许可以回到婴儿状态。

"我独泊兮其未兆,如婴儿之未孩。"(《老子·第二十章》)意思是,只要能处处淡泊处事,就有可能活得像婴儿一样。

"常德不离,复归于婴儿。"(《老子·第二十八章》)认为一个人如果能严守"常德",就可以复归于婴儿状态。

"圣人皆孩之。"(《老子·第四十九章》)认为如果你是圣人,就一定可以回复到婴儿状态。

老子说的这些,都有一定的道理。遗憾的是,他没有说到,如果年长的人能够与孩子们生活在一起,打成一片,那也可以使自己的精神气质像孩子一样天真活泼。

■ 反躬自问

你有交"忘年交"的意向吗?如果没有,你是怎样改善自我生活状况的?

四、公共空间文明

护卫红绿灯的尊严

在现代都市街头的交叉路口,都有红绿灯威严地站立在那里。它是交通法规的物化,它是一道无声的命令,它是行人安全的卫士。老年人应该成为捍卫红绿灯尊严和权威的先锋,而不应是相反。

——题记

 文明故事

在上海一条热闹的大马路的交叉路口,每天早晨早高峰到来之时,总有一位佩戴着"交通义务服务员"袖章的老年人,威风凛凛地站立在红绿灯下。红绿灯闪烁着,不断变换着色彩,他也随之变换着手势,发出不同的口令。一次,一个中年男子随意穿越红灯,老人大步赶上去,把那男子拉了回来。那男子蛮不讲理,狠狠地打了他一拳,还谩骂道:"老东西,我穿我的红灯,关你什么事?"老人并不畏惧,亢声回答:"我是一名交通义务服务员,我有权利纠正像你这样不守交通法规的人的错误!"那中年男子自知理亏,想伺机逃逸,老人就是死死地抓住他不放,并把他扭送到派出所。在派出所,老人苦口婆心地对这位中年男子进行了教育,终于使这个男子心服口服,表示以后决不再犯。在这位老人负责的守护下,这个十字路口一直没有发生过交通事故。附近的人们说起这位老人,都会竖起大拇指说:"他是这里交通秩序的守护神!"

做与时代同行的文明老人

 智慧道理

俗话说得好:"不以规矩不能成方圆。"现代社会是法制社会,社会生活中处处有法的踪迹。我们在题记中说到了"红绿灯是交通法规的物化,它是一道无声的命令,它是行人安全的卫士。"如果没有红绿灯的护卫,在人流如潮的大都市里,每天不知会发生多少车毁人亡的惨剧。据交警部门提供的数据显示,在上海平均每天约有两次以上的交通死亡事故,其中一半以上是由乱穿红绿灯造成的。作为社会阅历丰富的老年人,首先得保证自己不乱穿红绿灯,如果身体条件允许的话,还应该加入到维护交通秩序良性运行的队伍中去。这也是老年人对社会的一种贡献吧!

 感悟思考

■ **资料链接**

真正安全性能良好的红绿灯从发明至今刚巧一百年。欧美工业革命后,行驶马车的马路渐渐繁忙起来,随之交通秩序也就成了大问题:街头马车相撞、人仰马翻的惨剧经常发生。于是,一位机械师在伦敦议会大厦前的马路上安装了第一盏硕大的煤气红绿灯。但是,这盏硕大的红绿灯很不安全,甚至还发生了一次爆炸事故,由此红绿灯一度被取消。但是,人们很是怀念世界上第一盏红绿灯带来的光明和安全。随着电的发明,1914年,电气的红绿灯出现在了美国克利夫兰市的街头。但是,单有红绿两灯在具体的交通运行中还是不方便。有一个旅居美国名叫胡汝鼎的中国人,当时还是通用电器公司小职员。他发明了界于红绿两灯之间的黄灯。这样,红黄绿三色的安全交通指示灯终于出现在美国纽约市的五号大街。这个故事告诉我们,红黄绿三色的安全交通指示灯,还是我们中国人发明的呢!

中国是法制社会，法制社会公民的守法精神应该从最起码的维护红绿灯的尊严做起。在这点上，老年人应带个头。

做与时代同行的文明老人

乘车时的礼让

> 中国人多，乘车拥挤，但公共车辆上还是设有"老弱病残孕专座"。作为老年人，面对这"专座"，你会作何感想呢？
>
> ——题记

 文明故事

周大伯现今已是古稀老人了，身体还不错，经常外出，乘坐公共车辆是家常便饭。一次，周大伯上了公共汽车，虽不是高峰时节，但也是座无虚席。在周大伯站立的不远处，就是"老弱病残孕专座"席，席位上坐着一位年轻的女子，正专心致志地阅读着一本书。周大伯见对方不让座，也就不声不响地在一旁站立着。突然，女子一抬头发现了他，马上站立起来，谦恭地说："大伯请坐！"周大伯一边坐下来，一边真诚地对那女子致谢："谢谢您，谢谢您！"过了两站，周大伯要下车了，他发现那女子还没下车，就招呼她："谢谢您的让座，现在我要下车了，您坐吧！"女子道了声"谢谢"，发现有一个文弱的小女生站在她身后，又把那座位让给了那个小女生。

 智慧道理

这是多么温馨的一幕，年轻女子的礼让和周大伯的谦恭，都

是值得称道的。中国是文明礼仪之邦，"温、良、恭、俭、让"是待人之道。在对待老年人专座上，老年人应以礼仪精神处之。首先，"老弱病残孕专座"的设立是近年来的事，它本身昭示着社会的文明进步。老弱病残孕者，都是社会的弱势群体，对弱势群体的尊重和保护，是一种文明现象，我们要十分珍视。其次，随着文明的进步，一般老年人站立在面前的时候，人们会主动让座，对此老人绝不该有"理所当然该我坐"的想法，而应怀着一种感恩的心报之以真诚的谢意。再次，如果你站立在面前而人家不让座，一要想一想是否有各种缘由，二要面对现实，当今社会生活中的确还有部分觉悟不高的人。对此只有承认现实，大可不必怒目相向。这样想，这样做，车厢中的矛盾也就会少许多。

■ 反躬自问

作为老年人，你准备怎样当好一名"车厢中的文明公民"？

做与时代同行的文明老人

餐饮场合的礼仪和风范

> 餐饮，不就是平常说的吃饭用餐吗？活了那么把年纪，难道这也要学吗？答案是肯定的。改革开放全面地改变着我们的生活，包括我们的饮食习俗和饮食礼节，不好好学着点，那是会出洋相的。
>
> ——题记

文明故事

老朱的儿子告诉他，周末准备带他去一个高档餐馆吃自助餐，问他愿不愿意。老朱今年七十多岁了，可还没吃过自助餐呢！他回答儿子，愿意去开开眼界，只是不知自助餐是啥玩意儿。儿子对他说，自助餐就是自己动手、自选菜肴、数量不限的用餐方式，但这种餐饮方式也有规矩，不然就会失礼。老朱感到这对自己来说是个新鲜事儿，得问问清楚，免得临场出洋相。儿子告诉他，第一，自助餐厅里品种繁多，你得分门别类地取菜，比如说先取冷菜，再取热菜，再取点心、甜食、水果，总之要有一个自定的程序，那就临餐不乱了。第二，要少量取，多次取，你取到了你的盘子里，吃不掉又不能退回去，就浪费了。"少量取，多次取"是个大原则。第三，自助餐厅是个公共用餐的场所，要注意公共秩序，热门的菜肴那里人多，要自觉排队取食。要文明用餐，吃剩的东西不能乱扔在地上，也不要在公共场合喧哗。第四，禁止外带。餐厅的工作人员不会告诉你这一条，但这是条不成文的规定，所有食品只可现场食用，不能带出餐厅。老朱听儿子这么一解说，才明白了，在自助餐这样的餐饮场合也不是可以随意而为的。亏得儿子及时提醒，不然真的会闹出很多笑话来的。

智慧道理

　　故事告诉我们，社会越是发展，人的自由度也就越大，但为了公众的自由，各种各样的规矩和规范也就更加缜密。就拿自助餐来说，这种餐饮方式的发明就是为了让人的餐饮自由选择度发挥到极致。几十种甚至是上百种食物放在你的面前，由你自己去取，取这取那，随你的便；取多取少，也随你的便；甚至取的频率、次数、顺序，也都随意。这够自由了吧！但是，这既是个人的自由，也是群体的自由，为了让个体和群体的自由得到协调，餐饮场合中就要讲究礼仪和风范。

感悟思考

实践真知

　　改革开放给我们生活带来的变化是巨大的，包括餐饮文化上的变化。我们正在从粗放式和单一式的用餐习俗，走向精细化和多元化的餐饮习俗。从宴请形式来说，有正式宴请、便宴、家宴、酒会、茶会、工作餐等多种。从宴请的类别讲，有中餐也有西餐，西餐中又有多种类别。从宴请的礼仪说，有邀请、接待、祝酒、席间寒暄、席间礼让、散席退场等礼仪。餐饮作为一种文化，老年人要学的还多着呢！

做与时代同行的文明老人

如厕时的卫生

> 厕所是一种文化，也是一面"镜子"。走进厕所，通过这面"镜子"，就能够映衬出一地、一处、一单位、一人家的文化气质和文明程度来。同样，一个人如厕时的卫生，也大致可以衡量出他的文明水准。
>
> ——题记

 文明故事

葛先生是较早走出国门的老知识分子。那是20世纪80年代，他去西方某发达国家访问。公事毕，就安排游览。一日去某群山区观光，在入口处，放在最醒目位置的不是景点，而是标记得十分明确的厕所地图，这多少使他有些疑惑。当他说出心中的疑问时，主事者说出了这样一番道理："当你出行在外的时候，最要紧的常常不是参观某一绝妙胜境，而是寻找急需排泄的厕所。设施是为人服务的，把厕所地图放在显著位置，是人文精神的体现。"在那次旅游中，主办方还着重介绍了"厕所文化"，厕所管理者要求工作人员每天都要认真清理便具，一星期就要大清理一次。解说者打了个比方："便具与食具同等重要，不，从一定意义上说是更重要，因为不少疾病都源于卫生间的不卫生。正因为如此，我们要求工作人员清洗便具像清洗食具一样一丝不苟。"葛先生那次出国的使命是考察与其业务相关的科技，而事后他觉得最大的收获是该国对厕所文化的重视。从此以后，他总是与家人一起把家中的厕所打扫得干干净净，外出上公厕时，也总是严格遵守"上

前一小步，文明一大步"的训示。万一不小心把公厕弄脏了，就自觉地用拖把拖干净。

智慧道理

其实，最深刻的道理就在最显见的日常生活中。应该承认，我们国家在厕所文明方面是落后的。"吃、喝、拉、撒"四者，吃与喝是重头戏，而拉与撒就被认为无足轻重了。直到现今，在一些单位，食堂搞得很出色，而厕所则实在不敢恭维。一些旅游胜地，这景点，那景点，就是没把厕所当回事。什么时候我们的旅游景点也把厕所建设成一大景点的时候，那么这个景点也就真正算得上有文化气息的景点了。

感悟思考

■ 反躬自问

你能接受"厕所文化"这样一种观念吗？如果你能接受这一观念，请你说说参与这一文化建设的构想。

做与时代同行的文明老人

旅游中的文明

> 有闲暇时间，有闲暇财力，才有旅游行为。旅游行为应该与文明同行。可是，事实并非完全如此。近些年来，随着旅游业的迅猛发展，旅游中的不文明行为也日渐多了起来，这是值得重视的一种逆向现象。
>
> ——题记

 **文明故事**

2015年5月6日，国家旅游局官网首发"游客不文明行为记录"专题页面，爬红军雕像者等四人率先"上榜"。这里且录其中一则故事。

档案号：20150004号

李文春，男，陕西人。

2015年"五一"假期前夕，在吴起县胜利山景区内，李文春攀爬红军雕塑照相，被其他游客拍照记录后在网上传出，引起公众广泛谴责，造成了社会严重不良影响。

根据《游客不文明行为记录管理暂行办法》的规定，将该名游客列入"游客不文明行为记录"。信息保存期限自2015年5月4日至2025年5月3日。

 **智慧道理**

  全国"游客不文明行为记录"的信息由省级旅游主管部门报送，或通过媒体报道等渠道采集。被记入"游客不文明行为记录"的游客认为记录错误的，可以向做出记录的主管部门提交异议申请，在15个工作日内相关部门会作出答复，如果游客的不文明行为成立，相关部门会将记录通知本人，并提示其采取补救措施，挽回不良影响。这样做，既将旅游行为与社会主义法治结合了起来，又帮助了犯错的人，使其回归文明。

 **感悟思考**

■ **反躬自问**

  请把2015年5月6日公布的《游客不文明行为记录管理暂行办法》找来读一读，并检点一下自己及子女在旅游中的行为表现。

做与时代同行的文明老人

当好"民间大使"

> 走出国门,不管你是否意识到,也不管是否愿意,每个人都确定无疑地代表着自己的祖国,成了一位名副其实的"民间大使"。
>
> ——题记

 文明故事

报载:阳春三月,北京市某医院的一名中年医师,带着他的妻女,轻松愉快地远渡重洋来到美国旅游。这天,他们来到了圣地亚哥的海洋公园。开阔的大海,碧空万里的蓝天,翠绿的草地,再加上清新的空气,简直使这一家人流连忘返了。夕阳即将西坠之时,在他们百步之外的一位美国老太太突然倒地,这使与她在一起游玩的家人惊恐万状,她的一个女儿竟尖叫起来。这时,这位北京医生扔掉正在食用的一只鸡腿,急步奔向倒地的老太太。他先是止住了病者家属的喧哗,把病者平放在草地上,毫不犹豫地对病者实施了口对口人工呼吸,这时这位北京医生的妻女也已赶到,她们帮着为病者按摩,并轻声细气地安抚着病者。一家三口旅游者,成了一个临时的"医疗小组"。当病者苏醒过来以后,这位北京医生主动要求与病者家属一起将病人送往医院。海洋公园中游客如织,纷纷聚拢过来,看着渐渐远去的北京医生,竖起了大拇指:"中国人,了不起!"

 **智慧道理**

　　当天在圣地亚哥海洋公园游览的人成千上万,他们有的目睹、有的耳闻了"北京医生"忘我地救治美国老太太的故事。这个"北京医生"的姓名,谁都不知道,谁也没有去打听。但是,人们记住了一点,他——一位中国公民,一位了不起的中国公民,一位将一个非亲非故的异国老太太从死神手里夺回来的中国公民。只要记住这一点就够了。这告诉我们,不管你是谁,不管你的文化程度怎样,家庭背景如何,只要你跨出国门,人家就给了你一个共同的名字:中国人。你的一言一行,一举一动,都代表着中国。人家会从你身上,看到、感受到中国的形象。正是从这个意义上说,你是中国的"民间大使"。

做与时代同行的文明老人

感悟思考

■ 反躬自问

既然是"民间大使",那么,你就要有出使者的风范,言行举止都要当得起这样的一个称号。这里有三点是值得注意的:第一,要把中华民族行之久远的古老文明展示出来。我们是有着五千多年历史的文明古国,历来就有"文明礼仪之邦"的雅称,那么,你到了异国他乡就应该展示出这样的古文明之风。第二,要把改革开放以来的文明新风展示出来。改革开放以来,我们不只是富起来了,视野的开阔、胸襟的博大也不同往昔,这都要通过你的行为展示出来。第三,既然世界是个"地球村",那么作为"村民"的一员就要与当地的民众友好相处、互助互利。上面故事中的那位"北京医生",不就是因为展示了"天下一家亲"的品性而受到大家的赞誉吗?

请你想一想,你自己在出境过程中的所作所为,与当一名"民间大使"的要求相符吗?如有不足,能提出自我改进的措施吗?

■ 资料链接

我国的出境游与我国的改革开放同步。据权威部门统计:2009年,我国全年出境游为433.75万人次。2011年达到1 213.31万人次,到了2014年年底,出境游人数首次突破1亿,达到1.17亿人次。据中国旅游研究院统计,旅游目的地遍及世界130多个国家与地区。越来越多的人走出国门,就更要求我们当好"民间大使",维护好中国的良好国际形象。

近期美国"外交政策"网站评选出了塑造未来中美关系的50人,有人作了个统计,这个网站把50人分为六类:其中媒体与互联网人士12人,有中国国家互联网的鲁炜、《华尔街日报》中文网主编袁莉等。企业界11人,有华为公司董事长孙亚芳、阿里巴巴创始人马云等。文化娱乐界7人,NBA球星科比、美国萨克斯演奏大师肯尼·基、莫言作品翻译者葛洪文等。教育领域8人,孔子学院总干事许琳、新东方教育科技集团创始人俞敏洪等。金融领域5人，大连万达集团董事长王健林等。军事和政府部门7人，中国人民银行行长周小川等。从入选倾向看，强调的是民间外交。

做与时代同行的文明老人

五、志愿者文明

志愿服务是当代老年人的"文化符号"

> 从传统意义上说,老年期就是颐养天年期,是受人照料和呵护的夕阳岁月。这当然是不错的。但是,时代在进步,社会在发展,我们惊喜地发现,这些年老年人身上多了一个闪光的"文化符号":志愿服务。数以千万计的老年志愿服务者,活跃在社区、街道,活跃在极为广阔的天地里……
>
> ——题记

 文明故事

史先生两年前丧偶,虽然育有一子一女,但都不和他住在一起,这样年届80的他就成了一位名副其实的独居老人。虽说史先生身体还相当健壮,但是社区相关部门还是把他作为重点照料对象。一周两次派专人来问候,每隔半个月来为史先生彻彻底底的打扫一遍卫生。这使史先生感动得不得了。一次,他在报刊上读到一则新闻,说当代一些发达国家,人们除了做好本职工作外,80%以上的公民都热衷于志愿服务,其中就有相当部分的老年人。史先生心中一动,我何不用己之所长,利用自己的余生为社会做一点力所能及的事呢?他是个有着相当学术素养的文史专家。他找到了社区领导,主动提出,每两周为社区义务开设中华传统文化讲座。社区领导大喜,说:"史先生啊,其实我们早就看上你这位大专家了,只是看你那么忙,年岁又大了,

不好开口罢了。"史先生的传统文化讲座深入浅出,极富感染力。几次下来,听的人越来越多,更为可喜的是,由此社区的面貌也发生了很大的变化,过去人们闲下来就是打牌搓麻将,现在谈传统文化的人多了,关心时事的人也多了。过了些时日,社区领导怕累着史先生了,说是不是考虑停歇两周,史先生摆摆手笑着说:"想到志愿服务为社区散发了正能量,我心里就高兴,这事不能停!"

智慧道理

这个故事告诉我们,认为老年人只是被服务者和被照料者的观念是片面的。他们中的许多人——甚至可以说是绝大多数人——可以"一身而二任焉",也就是说,既是社会的服务对象,又是服务社会的对象。相对于中青年来说,老年人群体是弱势群体,需要社会的关怀和救助。但是,当代老年人又与传统意义上的老年人不同,他们的身体健康条件比以往好得多,他们的文化水准也是传统老人不可同日而语的,让他们参加一些力所能及的志愿活动,不仅是可能的,而且是必要的。不少老人参加了志愿活动以后身体更健壮了,精力更充沛了。说志愿服务是当代老人的一个"文化符号",是恰如其分的。

做与时代同行的文明老人

感悟思考

■ **实践真知**

可以说，对当代老人来说，志愿服务是集服务、修身、养性、健体于一身的大好事，我们何乐而不为呢？只要健康条件允许，老年朋友都可参与其间。这里要说明的是：

1. 老年志愿活动人人可为，只要你愿意，都可参与进来。

2. 老年志愿活动可以提升人的存在价值，使晚年生活过得更有意义。有些老人一退休下来感到无事可做，心里老感到"空落落"的。老年服务是治疗老年空虚症的一剂良药。

3. 老年服务具有最大限度的自由选择性。只要是利国、利民、利他的行当，你都可以去尝试一下。

上面三条，你看有道理吗？如认为有道理，那就请你赶快加入到老年志愿服务的行列中来吧！

五、志愿者文明

社会需要，老年服务的"助推器"

> 社会需要，是一种无声的命令，它吸引着广大老年志愿者奔走相告，为之呼喊，为之奋斗。社会需要，又是老年服务的"助推器"，让老年志愿者定向提供相应的服务。可以说，老年志愿者常常是出现在社会热点的前沿阵地的。
>
> ——题记

 文明故事

近年来，"低碳社会"成为身边的一个热词，每天广播电视里出现频率最高的就是它了。这可使相邻而居的夏大爷、陆大爷、朱大爷坐不住了，他们决定成立一个"低碳社会"志愿者宣传队，采取各种方式宣传低碳理念、低碳家居、低碳穿戴、低碳出行、低碳人生。他们相信，这是造福整个社会的大事，值得去做。他们向有车族宣传低碳出行，列出的数字令人动容：一般发达国家车不比我们少，可是私家车的年出行量一般是 4 000 公里，而我国的私家车平均年出行量为 18 000 公里，是人家的 4.5 倍，这是多么可怕的"超值"啊！我们那些有车族动不动就是开车，这样怎么低碳得起来？这个"低碳社会"志愿者宣传队也走进超市宣传。他们告诉人们，现在上海市有 800 家大型超市，有 6 000 家便利店，冷藏冰柜用电数量大得惊人。如果我们的顾客随手关闭冰柜，那么一年全市至少可以节约 4 521 度电，相当于节省了 1.8 万吨煤，少排放了 4.5 万吨二氧化碳，这不就是为建设"低碳社会"立功了。他们的宣传清新、实在，很有说服力，起到了很好的效果。

做与时代同行的文明老人

智慧道理

这样的社会性志愿服务,对老年人来说,有其特定的优势。一般的中青年人,都有自己固定的工作和学习岗位,没有时间参与这样的志愿宣传活动。老年人就不一样,他们在时间和活动空间上都有较大的自由度。由他们出来说话,现身说法,可信度高,取得的实际社会效果也比较的好。在上海这样的大都市,老年人已经占了将近三分之一人口,如果老人们从自身做起,从自己的家庭做起,从自己所在的社区做起,那么定能加快"十八大"提出的"经济发展、政治清明、文化昌盛、社会公正、生态良好"的前进步伐。饭是要一口口吃的,路是要一步步走的,只要我们全体公民(包括全体老年人),齐心协力的前行,光明的前途一定是属于中国人民的。

感悟思考

■ 资料链接

据统计,从公元1906年至2005年的100年间,全球地表平均气温升高了0.74度。其中1956年至2005年的升温速率几乎是近百年的两倍。可别小看了这两个数据,要知道,在工业革命前的漫长岁月中,大地气温基本上是不变的啊!这近1度的"变暖"会对人类产生怎样重大的影响呢?现在还不能完全地估量出来。我国的变暖幅度要更大,单是1908年至2007年百年间的统计,地表平均气温升高了 1.1 度。人们普遍感觉到,天气是一年热过一年。

全球变暖的原因可能是综合性的,但最主要的是人为因素。自工业革命以来,由于工业的发展和人口的剧增,人类消耗的化石燃料急剧增加,燃烧形成的二氧化碳大量进入大气,使大气中的二氧化碳浓度大增。此外还有一些诸如氧化亚氮、甲烷等的温室气体排量也大增,这样产生了一种温室效应,使地表温度明显升高。联合国的有关部门在 2007 年发布的评估报告指出,全球气温的升高,90% 是由人类不恰当的活动引起的。有些持悲观态度的科学家甚至断言,人类的"胡作非为",最终可能断送人类的命运。

■ **实践真知**

读了上述这一组资料,我相信你的心情一定是沉重的。但是,光沉重解决不了问题,最重要的还是要行动起来。写出你的体会吧!

做与时代同行的文明老人

社会安定的"守护神"

> 长治久安,历来是中国人民心中的一个梦,因此,守护社会安定的人,在人们的心目中历来就是崇高的。值得欣慰的是,这些年我们的不少老年朋友致力于社会治安,成了人们心目中的"守护神"。
>
> ——题记

 文明故事

张威的为人像他的名字一样,威风凛凛、威武雄伟。退休15年来,他一直守护在"反扒"这条战线上。为了"反扒",他苦学武术,还专门上武当山向名师求教。为了"反扒",他专心致志地学了犯罪心理学,弄懂了扒手行窃前的惶恐和得手后的张狂。每天早、晚两次高峰时,他就出没在全市各地区的公交车辆上,只要行窃者敢出手,他就一抓一个准儿。有些行窃者刚踏进车门,就被他盯死了。只要其一出手,就成了瓮中之鳖。那些行窃者只要风闻张威这几天会在某路汽车上"反扒",就纷纷逃窜了。退休以来由他亲自抓获的扒手有三百多名。抓进去以后,他还多次到牢中去看望这些失足者。有的后来还成了他的朋友,一同参与"反扒"。他半开玩笑半认真地对这些朋友说:"我老了,今后的'反扒'要靠你们了。"

智慧道理

张威之"威",源于他的责任心,源于他对人民的一腔热诚。扒手虽不像强盗那样明火执仗,但对社会的危害并不亚于前者。有的被窃者一个月的工资刚放进口袋,就平白无故地被偷掉了。此情此景,实在是难以言喻。站在人民大众的立场上想一想,就会觉得"反扒"之事一刻也不能缓!想到这些,张威就觉得义无反顾了。他也收到过恐吓信,说要杀尽他全家等。但是他相信,在我们这样的社会主义国家中,正义必定会压倒

邪恶,个别扒手虽然口出狂言,但迫于社会的巨大压力,未必敢冒天下之大不韪下手。当然,亡命之徒也不能说绝对没有。如果真的发生不幸,他也想过了,那也是值的。想到这些,他的心中就会分外坦然,毅然决然地要把"反扒"斗争坚持下去。

■ 以人为鉴

也许你没有张威的威仪,也没有他的高超武艺,但是,你仍然可以向这位致力于社会安定的人学习。

做与时代同行的文明老人

社区"美容师"

> "社区是我家,美容靠大家",这话说得真好啊!当你把自己委身其中的社区当成自己"家"的时候,你的思想就升华了,就真正地走出了千年来的"以家为本"的思想樊篱。
>
> ——题记

 文明故事

徐师傅家居住在一个条件相对较差的陈旧小区里,住房条件差,基础设施差,社区环境差,又没人肯去认真管理,因此到处都又脏又乱又差。徐师傅是个共产党员,虽然年过古稀,但是雄心不改。他想,在党的领导下,中国这么翻天覆地的变化都实现了,

就不相信小区的环境面貌改不了。他依靠小区的党组织，同居委会、业主委员会、物业一起在社区里做了个大动员。他说："我没有什么别的要求，就是一条：要求社区的每个人像爱护自己的家一样爱护自己的社区。"这样一动员，气氛是上来了，但要真正改变面貌还不行，还得靠实干。大家都忙，比较"清闲"的还数老人。他把社区中身体健壮的、最有积极性的七名老人组织起来，再加上自己，一共八人"承包"社区的环境卫生和绿化。还取了一个很动听的名字："社区美容师"。既然是"承包"，就要职责分明，八个人把社区划成八大块，分工合作。有了劲，又有了目标，社区的变化立马可见了。三年以后，不论是绿化、室外环境，还是人际关系，都成了过硬的全区第一。有人提议说："得感谢徐师傅，还有其他七位退休职工，没有他们，小区面貌一万年也变不了。"徐师傅却回应道："话不能这样说，没有大家把社区当成'我的家'观念的转变，要使社区旧颜变新貌那也是不可能的。"

智慧道理

这位徐师傅的确是位高人，他想出了让八位老人"承包"社区环境的高招。更难能可贵的是他对人们观念转变的认识。中国人有许多好的传统，但也有不好的，或者说是不太好的，那就是"以家为本"，把"家"看得比什么都重要。传统的"各人自扫门前雪，哪管他人瓦上霜"，就是个很不好的观念，这样会使社会像一盘散沙。有些贪官地位也有了，金钱也有了，为了他那个"家"，没完没了，最终垮掉。社区是有着各家各姓的地域性组织，社会学上称为"地缘性组织"，比家庭的"血缘性组织"要高一个层次。在美容社区的过程中，人们接受了"小区是我家"的观念，这是思想境界上的很大升华。只有走出"血缘高于一切"的旧观念，代之以"社区是我家""社会是我家""祖国是我家"，以至于"世界是我家"的观念，那样的人才是值得称道的。

做与时代同行的文明老人

以人为鉴

良好的社区环境离不开每个人的努力。以己之能尽己之力，为社区的环境改善做出贡献，在这点上，徐师傅是我们的榜样。

五、志愿者文明

不老的"上班族"

这是个了不起的老人，退休前在上班，退休后还在上班，在"感动中国"的颁奖大会上，她被称为"不老的'上班族'"。这是一种精神的高度，有了精神的高度，才会有生命的厚度。

——题记

 文明故事

胡佩兰，生于1916年，22岁时考取了河南大学医学部，是新中国第一批上岗医生。1986年，70岁的她从郑州铁路中心医院妇产科主任医生的职位上退休。人家劝她现在可以歇一歇了，可她只说了声："不行，我还得做下去！"就又在岗位上做了下去。她自己身体不怎么好，患有严重的腰椎间盘突出，进出都得坐轮椅。她耳背，问诊时得戴助听器。可是，之后的二十多年间，每周一到周六，她一天不落地到社区医院去坐诊。她不为赚钱，甚至给病人垫钱、贴钱，还捐建了五十多个"希望书屋"。每天找她看病的人很多，她坚持要看完病人才休息。人家问她那样做累不累，她说："精神一集中，就不累。"她一生别无他求，唯一的愿望就是：当个好医生，给病人解决问题，让穷人看得起病。

当著名主持人白岩松把"感动中国"的证书递到她手上的时候，她只说了句："最怕躺在床上不能动，光伸手要钱。"她的信念是：要么在人间看病，要么在天堂歇息。她生前留给世界的最后一句话是："病人看完了，回家吧！"

做与时代同行的文明老人

智慧道理

这个"感动中国"的女医生,我相信,她的事迹是会感动所有人的,包括高龄的老人。她用自己永远当好不老的"上班族"的实际行动,告诉了我们什么叫作积极的人生观。她对自己从事的医生职业,情有独钟。她说过:"医生是有博爱精神的职业,是情感投入的职业,是一代又一代的职业,如果光看钱,不中。"她说的是真理,不光是医生,各行各业都如此。过去说是三百六十行,后来变成了三千六百行还不止。联合国相关组织有个统计,世界上的各行各业,合起来一万种还不止。它们都有各自存在的理由。但是,归并起来就是这位胡佩兰老人说的三条:在岗位上要有博爱精神,要有感情的投入,还要一代一代往下传。

感动中国,感动你我。

感悟思考

■ **以人为鉴**

世上的人都不想死,一提到老,就有点怕。但怎样才能"不老"?答案种种,都未能尽善尽美。老子有言:"死而不亡谓之寿。"这是很有道理的。这位哲人以为,真正长生不老的人,是死后不为人忘却的人,也就是永远活在人们心中的人。胡佩兰老人正是这样的人。

最年长的义工

> 当整个世界在金钱的诱惑下躁动不安的时候,被世人称为"最年长的义工"的张贞慧老人站到了我们面前。她的真实身份是义工,是"中国好人",她在义工行列中的地位是"最年长"。
>
> ——题记

 文明故事

2015年1月9日,"中国好人""最年长的义工"张贞慧老人的遗体捐赠仪式于上午9时在大连市殡仪馆举行。张贞慧老人生前的好友、辽宁师范大学教职工、慈善义工代表和社会爱心人士等一千人参加了仪式,并为她送行。

张贞慧出生于1919年9月,生前是辽宁师范大学的退休副教授。在95年的人生中,自己生活俭朴,却行善半个多世纪,从1951年起,累计捐款20多万元,是大连市年龄最大的注册义工,也是大连市首位"义工终身成就金星奖"获得者。一生善举得到社会各界高度赞誉,2011年被评为"中国好人"。她每月3 000元的退休金,除了自己最基本的生活开销,全都捐了出去,除了一张张慈善奖状、一份份捐款回执外,老人什么都没有为自己留下。

做与时代同行的文明老人

智慧道理

"中国好人",义工最高的荣誉。

在中国传统文化中,没有"义工"这个概念,只有"义丁""义士""义人""义夫"这样一些观念。"义工"的观念是比较现代的,但又与中华传统文化相契合。什么叫"义工"?即在不计物质报酬的前提下,基于道义、信义和良知,为推进社会发展而贡献个人精力、财力和技能的活动。在中国,与志愿者活动交相辉映。义工的宗旨大致上有三项:一是传递爱心,传承社会文明;二是促进社会和谐,使人与人之间感知善意、传递善心;三是促进社会进步。义工活动中有的是真善美。社会给予义工最高的荣誉是"中国好人"。人老了,甚至最终死了,人家能说你一句:他是"中国好人",那就什么都值了。

感悟思考

■ **实践真知**

做"中国好人"是不容易的,因为要无私,要奉献,要多为别人做好事、做善事。不是说一定要有"中国好人"的名号,而是说要为此而不懈努力。中国有一句古话:"虽不能至,心向往之。"如果一个人连"心向往之"的勇气都没有,那还怎么谈得上争当"中国好人"呢?让我们共同努力吧!

图书在版编目(CIP)数据

做与时代同行的文明老人/上海市老年教育普及教材编写委员会编.—上海：上海教育出版社,2015.7
ISBN 978-7-5444-6451-2

Ⅰ.①做... Ⅱ.①上... Ⅲ.①精神文明建设—中国—老年大学—教材 Ⅳ.①D64

中国版本图书馆CIP数据核字(2015)第159048号

做与时代同行的文明老人
上海市老年教育普及教材编写委员会　编
_____

出　　版　上海世纪出版股份有限公司
　　　　　　上　海　教　育　出　版　社
　　　　　　易文网 www.ewen.co
发　　行　中国图书进出口上海公司

版　　次　2015年8月第1版
书　　号　ISBN 978-7-5444-6451-2/G·5301

易文网：www.ewen.co

www.ingramcontent.com/pod-product-compliance
Lightning Source LLC
Chambersburg PA
CBHW081500040426
42446CB00016B/3325